초등학생을 위한 세계 위인 2

반 고흐

글 **야마모토 마사미** | 그림 **오즈노 유미**
감수 **코데라 츠카사** | 번역 **김태길**

은하수 미디어
EUNHASOOMEDIA

〈해바라기〉를 그린 화가
반 고흐

본명	빈센트 반 고흐
생년월일	1853년 3월 30일
출생지	네덜란드 브라반트의 그루트 준데르트

고흐는 화가로 활동한 10년 동안 유명한 작품을 많이 남겼어요.

반 고흐가 살았던 마을

유럽 4개국에 머물면서 그림을 그렸어요.

영국
· 런던

네덜란드
· 암스테르담
· 헤이그
· 준데르트 — 태어난 곳.

벨기에
· 브뤼셀
· 보리나주 — 탄광에서 일했어요.

프랑스
· 오베르
· 파리 — 동생 테오와 함께 지내며 화가 고갱을 만났어요.
· 아를 — '노란 집'에서 살았어요.

반 고흐는 어떤 사람일까요?

한평생 외롭고 불행한 삶을 살아왔지만, 포기하지 않고 열심히 노력해 자신만의 독특한 그림을 완성한 화가예요.

인물 소개

태양의 화가
반 고흐가 그린 해바라기

고흐는 태양처럼 빛나는 노란색 해바라기를 좋아했어요.
꽃병에 꽂힌 해바라기 그림을 무려 11장이나 그렸다고 해요.

노란색 해바라기는 '태양의 꽃'이라고 불려요. 유럽에서는 '사랑'과 '신앙'을 뜻하는 꽃으로도 알려져 있어요.

110쪽 참조

소용돌이치는 붓질과 뜨거운 태양 빛의 강렬한 색채를 담은 〈해바라기〉 작품은, 지금까지도 사람들에게 높게 평가받고 있는 고흐 작품 중 하나예요.

© wikimedia commons

〈해바라기〉(1888년)

© shutterstock

반 고흐의 작품이 전시된 장소

네덜란드 암스테르담에 있는 반 고흐 미술관 〈해바라기〉, 〈감자 먹는 사람들〉 등 약 700점의 그림들이 전시되어 있어요.

반 고흐의 주변 사람들

고흐는 강한 성격 탓에 주변 사람들과 친하게 지내지 못했어요.
그런 고흐를 인정하고 이해해 준 가족과 친구, 이웃들을 소개할게요.

테오 (테오도르)
고흐의 남동생. 한평생 형을 돕고 응원해 줘요.

테오도르 반 고흐
고흐의 아버지. 마을에서 존경받는 목사예요.

외제니
영국 브릭스톤의 하숙집 딸로, 고흐의 첫사랑이에요.

케이
고흐의 사촌 누나. 남편과 사별하고 어린 아들을 키우고 있어요.

탕기
파리의 화방 주인. 고흐와 화가들이 '탕기 할아버지'라고 부르며 친하게 지내요.

고갱
고흐가 존경한 화가. '노란 집'에서 함께 생활했지만, 서로 다투고 헤어져요.

가셰
프랑스 오베르의 정신과 의사. 그림을 좋아하고 고흐를 돌봐 줘요.

요한나/빈센트
테오의 아내와 아들. 고흐가 죽은 뒤에 고흐와 테오를 세상에 알리기 위해 노력해요.

> 환영해요!

반 고흐의 미술관에 온 것을 환영합니다!

색상 조합이 인상적이야!

고흐는 파리에 머물면서 자신의 모습을 그린 자화상을 많이 남겼어요. 돈이 없어서 모델을 구하지 못한 고흐는 자신의 모습을 그리며 여러 가지 그림 기법을 시도하고 연습했어요.

ⓒ wikimedia commons

〈담배를 피고 있는 자화상〉(1889년)

어린이 여러분, 안녕하세요.
지금부터 제 작품을 소개할게요.
그림에 대한 설명을 읽으며
제 그림을 천천히 감상하다 보면
여러 가지 신기한 점을 발견할 거예요.
그림을 보고 느끼는 점은 사람마다
다르기 때문에 여러분의 느낌대로
즐기면서 감상하기 바랍니다.

넘겨 보세요.

> 112쪽 참조

이것이 진짜 풍경이야…?

© wikimedia commons

〈별이 빛나는 밤〉(1889년)

고흐가 창문에서 본 풍경이에요. 소용돌이치듯 빙빙 도는 밤의 풍경을 환상적으로 표현했어요. 고흐는 때때로 별을 그리고 싶어 밤에 외출하곤 했어요.

밤하늘이 빙글빙글 소용돌이쳐서 어지러워요!

힘이 넘치는 그림이야!

서민들의 일상을 그린 작품

73쪽 참조

〈감자 먹는 사람들〉(1885년)

고흐가 처음 본격적으로 그린 유화예요. 고흐는 농사짓는 사람들과 베 짜는 사람들의 소박한 생활을 즐겨 그렸어요. 당시 서민들을 그린 그림은 많지 않았어요.

이것이 반 고흐의 그림이라고?

〈해바라기〉와 느낌이 달라요. 왠지 어둡고 무서워 보여요.

118쪽 참조

생생하고 산뜻한 하얀 꽃

© wikimedia commons

〈꽃 피는 아몬드 나무〉(1890년)

고흐가 테오의 아들에게 선물한 그림이에요. 고흐는 새 생명의 탄생을 봄에 꽃이 피는 아몬드 나무로 표현했어요. 청색과 백색의 조화가 인상적인 작품이에요.

반 고흐는 자연을 담은 그림을 많이 그렸어.

하얀 꽃이 따뜻해 보여요.

125쪽 참조

힘이 느껴지는 밀밭

© wikimedia commons

〈까마귀가 나는 밀밭〉(1890년)

황금색 밀밭을 퍼덕거리며 날아가는 까마귀 떼가 보이나요? 이 작품은 왠지 모르게 외롭고 쓸쓸해 보이지만, 한편으로는 자연의 강한 기운이 느껴져요.

까마귀 그림이 으스스한 느낌이지만, 강렬한 힘이 느껴져.

투박하지만 생동감이 느껴져요.

그림 감상을 잘했나요? 제가 이 그림을 언제 그렸는지 책을 읽으며 찾아보세요.

인물 소개 …… 2

프롤로그 …… 12

 사이좋은 형제 …… 16

 첫사랑 외제니 …… 36

 화가가 되기 위한 길 …… 55

 자신만의 그림을 찾아서 …… 72

※ 이 책은 2019년 4월 기준의 정보를 바탕으로 하지만, 내용에 따라서는 다른 의견도 존재함을 일러둡니다. 인물의 대사나 일부 에피소드는 역사적인 설정이나 사실에 기반하며, 삽화는 역사적인 사실에 충실하면서도 초등학생의 흥미를 돋울 수 있도록 친근하게 그렸습니다.

5 아를의 빛과 그림자 …… 96

6 하늘의 별이 된 빈센트 …… 115

에필로그 …… 134

인물에 관하여 …… 140

더욱더 알고 싶은 반 고흐 신문 …… 142

반 고흐 연표 …… 144

올바른 독서 방법 · 145 | 더 생각해 보기 · 146

편지 쓰기 · 150 | 독서 기록장 · 152

프롤로그

　빈센트 반 고흐는 세계에서 가장 유명하고 인기 있는 화가 중 한 사람이에요.
　전시회가 열리면 어린아이부터 할머니, 할아버지까지 많은 사람들이 고흐의 그림을 보기 위해 모여들어요. 또 고흐의 그림은 몇십억에서 몇백억 원에 팔리기도 해요.
　고흐는 작품뿐만 아니라 그의 열정적인 삶도 책이나 텔레비전, 영화 등에서 많이 소개되었어요.

지금은 빈센트 반 고흐를 모르는 사람이 없지만, 그가 살아 있을 때는 단 한 점의 그림만 팔렸을 뿐이에요. 〈아를의 붉은 포도밭〉이 고작 400프랑에 팔렸지요. 당시 400프랑은 지금의 돈으로 환산하면 약 100만 원 정도예요.

그림이 팔리지 않자 그의 생활은 나날이 힘들어졌어요. 동생 테오의 도움으로 그림을 계속 그릴 수 있었지만, 그 생활은 순탄치 않았어요. 무엇보다 자신 때문에 힘들어하는 가족들을 지켜보는 게 더 괴로웠지요.

당시 고흐가 그린 〈감자 먹는 사람들〉과 같은 개성 넘치는 작품들은 동료 화가들에게 혹평을 받았어요. 또 그의 투박하고 거친 선들은 사람들에게 인정받지 못했어요.

그럼에도 고흐가 그림을 계속해서 그리게 된 이유

는 무엇이었을까요? 그리고 지금 고흐의 그림과 그의 생애가 사람들의 마음을 움직이게 만든 것은 무엇일까요?

　그림에 대한 열정과 노력에도 불행한 삶을 살았던 빈센트 반 고흐의 일생을 되새기면서 그가 사람들에게 사랑받는 이유를 찾아보도록 해요.

1 사이좋은 형제

"아아, 정말 귀여운 남자아이예요."

1853년 3월 30일, 네덜란드 남부의 작은 마을인 준데르트에서 남자아이가 태어났어요. 교회 목사인 테오도르 반 고흐는 이제 막 태어난 아기를 보며 아내인 안나의 손을 잡았어요.

"안나, 힘들었지?"

"아니요, 이 아이가 힘들었지요."

안나는 따뜻한 미소를 지으며 아기의 뺨에 입을

맞추었어요.

"안나, 이 아이의 이름을 빈센트로 합시다. 빈센트 반 고흐."

테오도르의 말에 안나의 표정이 어두워졌어요.

"여보, 빈센트는…."

지금으로부터 1년 전에 안나는 첫 아이를 낳았어요. 그러나 불행하게도 그 아이는 태어난 지 40일도 채 안 되어 죽고 말았지요. 아이가 잠든 묘비에는 '빈센트'라는 이름이 새겨져 있었어요.

"1년 전과 같은 날에 태어난 것도 운명이라고 생각해. 죽은 아이의 몫까지 이 아이를 행복하게 해 주고 싶어."

테오도르의 말에 안나가 고개를 끄덕였어요.

이 아이가 훗날 세계적인 화가로서 이름을 알린 빈센트 반 고흐예요.

　그렇게 빈센트는 부모님의 사랑을 받으며 세상에 태어났어요. 앞으로 펼쳐질 험난한 인생이 기다리고 있다는 것도 모른 채, 안나의 품에 안겨 새근새근 잠들었지요.

　빈센트가 세상에 나온 지 2년 후에 여동생 안나가 태어났어요. 그 뒤로 남동생 테오와 여동생 엘리자베스, 빌레미나, 막내 남동생 코르넬리우스가 차례로 태어났지요.

빈센트는 동생 중에서 특히 네 살 아래인 남동생 테오와 가장 가까웠어요.

"테오야, 우리 놀러 갈까?"

"응, 좋아. 근데 어디로 가지?"

"오늘은 조금 멀리 있는 숲까지 가 보자."

빈센트는 들판에 핀 꽃의 향기를 맡거나 풀숲에 숨어 있는 작은 벌레 찾는 것을 좋아했어요. 또 바람에 흔들리는 나뭇가지 소리와 작은 새들의 노랫소리를 귀 기울여 들었어요. 빈센트에게는 숲에서 일어나는 모든 일들이 새롭고 흥미로웠어요.

한번은 어미를 잃고 둥지 속에서 삑삑대는 아기 새를 발견하고는 소중하게 돌봐 주었어요. 그 새가 자라서 하늘을 날아다니자, 그 모습을 동생들에게 보여 주기도 했지요.

이 무렵 빈센트는 그림 그리는 일에 흥미를 갖기 시작했어요. 숲이나 언덕, 들과 강으로 산책을 나갈 때면 언제나 종이와 연필을 가지고 다녔어요.

그곳에서 꽃과 풀, 새와 곤충을 관찰하며 종이 위에 쓱쓱 그렸어요.

"형은 언제부터 그림을 잘 그렸어? 새들이 종이 위에서 날아다니는 것 같아."

테오가 그림을 보며 신기한 듯 말했어요.

"나는 그림 그리는 게 좋아. 그림을 그리고 있으면 마음이 편안해져."

"아, 맞다! 형은 커서 화가가 되는 게 어때?"

"화가? 음… 내가 커서도 지금처럼 그림을 그릴 수 있을까? 그러면 좋을 텐데…."

해맑은 테오의 얼굴을 바라보며 빈센트가 따뜻한 미소를 지었어요.

 어느덧 빈센트도 학교 갈 나이가 되었어요. 하지만 조용하고 말이 없던 빈센트는 학교생활에 적응하지 못했어요.

 가족들이 있는 집에서는 언제나 상냥한 그였지만, 선생님과 친구가 있는 학교에서는 달랐어요.

 친구들과 잘 어울리지 못하고, 늘 화난 사람처럼 얼굴이 어두웠어요. 선생님이 주의를 줄 때마다 발

끈해서는 큰 목소리로 반항하곤 했지요.

'나는 왜 친구들하고 잘 지내지 못할까? 왜 자꾸 화를 내는 거지?'

빈센트는 자기 자신을 이해하지 못했어요.

하루는 학교에서 선생님이 찾아와 말했어요.

"목사님, 빈센트는 성격이 거칠어서 친구들과 자주 싸워요. 이렇게 계속 학교에 다니다가는 큰 문제가 생길 것 같습니다."

부모님은 오랜 시간 고민한 끝에 빈센트를 학교에 보내지 않기로 결정했어요. 빈센트는 속상했지만, 부모님의 뜻에 따르기로 했지요.

그렇게 한 달이 지났을 때, 테오가 갑자기 아버지 서재의 문을 열고 들어갔어요.

"테오, 아버지 서재에 들어가면 안 돼!"

빈센트가 깜짝 놀라 테오에게 소리쳤어요.

"형, 이리 와 봐. 저기 그림이 걸려 있어."

테오는 아버지 서재에 걸린 그림을 보고 빈센트를 불렀어요. 빈센트도 호기심에 서재로 들어갔어요. 테오가 말한 것처럼 한쪽 벽에 커다란 그림이 걸려 있었어요.

사람들이 교회를 향해 보리밭을 가로질러 걷고 있는 그림이었지요.

그 그림은 네덜란드의 화가 야콥 얀 반 데르 마텐이 그린 〈보리밭의 장례 행렬〉이라는 판화였어요. 판화는 나무나 동판 같은 곳에 그림을 새기고 색을 칠해 찍어 내는 그림이에요.

"와, 정말 멋지다!"

빈센트는 그림을 보고 큰 감동을 받았어요.

왠지 쓸쓸해 보이는 풍경이었지만, 그림 속에 있는 모든 것들이 살아 움직이는 듯 생생했어요. 빈센트는 그 그림이 마음에 들었어요.

'나도 이런 그림을 그릴 수 있을까?'

순간, 그림이 가진 힘과 울림이 가슴 속에 고동치는 것을 느꼈어요.

빈센트는 점점 그림 그리는 일이 즐거웠어요.

이제 빈센트도 열한 살이 되었어요. 부모님은 빈센트를 아버지 친구가 운영하는 기숙 학교에 보내기로 결정했어요. 기숙 학교는 친구들이 모두 기숙사에서 생활하는 학교였어요.

빈센트가 살고 있는 준데르트에서 25킬로미터 떨어진 제벤베르헌이라는 마을에 있었지요.

"아버지, 집을 떠나는 건 싫어요. 테오와 떨어져 살고 싶지 않아요."

빈센트는 슬픈 표정으로 부모님에게 매달렸어요. 어린 테오도 형과 떨어지는 것이 슬펐어요.

그날 저녁, 부모님이 대화하는 것을 우연히 듣게 되었어요.

"빈센트가 학교에 가는 걸 싫어하니, 이를 어쩌면 좋죠?"

"빈센트는 화가 많아서 주변 사람들과 잘 지내지 못하는 것 같아. 이대로 어른이 된다면 다른 사람에게 폐만 끼칠 뿐이야. 학교에 가서 지내다 보면 좀 더 나아질 거라 생각해."

하느님의 가르침을 전하는 목사인 아버지에게 그는 늘 걱정거리였어요.

'나는 가족 모두에게 걱정만 끼칠 뿐이야. 부모님을 위해서라도 학교에 가야겠어.'

빈센트는 속상하고 슬픈 기분이 들었어요.

며칠 후, 빈센트는 집을 떠나 기숙 학교에 갔어요. 하지만 낯선 학교에 마음 붙이기 어려웠어요.

"쟤 좀 봐. 좀 이상한 거 같지 않니?"
"그러게. 맨날 혼자 있고, 말도 잘 안 해."

친구들은 빈센트를 보며 수군댔어요. 빈센트는 친구들과 노는 것보다 혼자 책을 읽거나 그림 그리는 것이 마음 편했어요. 그럴 때마다 집에 있는 부모님과 동생들 얼굴이 더욱 떠올랐어요.

빈센트는 외로움을 달래기 위해 열심히 공부했어요. 외국어를 곧잘 하고, 미술 시간에는 그림을 잘 그려 선생님께 칭찬받기도 했어요.

휴일에는 준데르트에 있는 집으로 돌아가 가족들과 즐거운 시간을 보냈어요. 특히 테오와 이야기 나누고 숲이나 들로 뛰어다니며 노는 것이 가장 즐거웠어요.

밤이 되면 두 사람은 침대에 나란히 누워 창밖의 별을 보며 이야기 나누었어요.

"형, 저 별들을 그림으로 그리는 건 어때?"
"응, 세상에서 가장 아름다운 별을 그릴 거야."
빈센트가 옅은 미소를 지으며 말했어요.
깜깜한 밤하늘에 빛나는 별이 두 형제를 따뜻하게 밝혀 주었어요.
그 후, 빈센트는 가정 형편이 어려워져 공부를 끝마칠 수 없었어요. 작은 시골 마을의 목사인 아버지가 버는 돈으로 학비를 댈 수 없었기 때문이에요.

그래서 학교에 입학한 지 4년 만에 집으로 돌아왔어요.

"빈센트, 학교도 그만뒀는데 무슨 계획이 있니?"

"아뇨, 아직 생각해 보지 않았어요."

"그렇다면 큰아버지의 화랑에서 일을 돕는 게 어떻겠니? 구필 화랑이 헤이그에도 문을 열었다는구나. 너는 그림에 관심이 많으니…."

"화랑이요? 화랑에서는 무슨 일을 해요?"

"화가의 그림을 파는 거란다. 요즘은 교회나 부잣집뿐만 아니라, 많은 사람들이 그림을 사서 집에 걸어 놓는다는구나."

"그림을 판다고요? 좋아요, 그곳에서 일할게요."

빈센트는 '그림'이라는 말에 눈이 반짝 빛났어요. 그림도 보고, 돈도 벌 수 있다고 하니 마다할 이유가 없었지요.

 구필 화랑은 많은 사람들이 다니는 중심가에 있었어요. 화랑 안에는 유명한 화가의 그림이 가득 걸려 있었고, 책장에는 화집들로 가득했어요.

 "빈센트, 이 그림을 창고에 두고 오너라. 이 그림은 잘 포장해 놓고."

 "예, 알겠습니다!"

 구필 화랑에서는 빈센트가 제일 어린 점원이었어요. 말이 없고 조용한 그였지만, 일을 시키면 칙칙

잘해냈지요. 곧 지점장과 동료들에게 인정을 받게 되었어요.

어느 날 화랑 안으로 손님 한 분이 들어왔어요.

"집에 걸어 놓을 그림을 찾고 있네만, 좋은 그림이 있으면 소개해 주겠나?"

빈센트는 그림 한 점을 들고 와 손님에게 보여 주었어요.

"이 풍경화는 어떠세요? 그림이 화려하면서도 마음을 편안하게 해 주지요."

"그림이 참 좋군. 이 그림으로 결정하겠네."

빈센트는 구필 화랑의 일이 무척 즐거웠어요. 지금까지 느끼지 못한 만족감이 가슴 깊이 차올랐어요.

어느 날, 동생 테오가 빈센트를 찾아왔어요. 두 사람은 미술관을 구경하고 바닷가를 걸었어요.

빈센트가 테오에게 구필 화랑에서 있었던 일들을

들려주었어요.

"형, 이 일이 재밌구나? 이제 유명한 화가의 그림도 많이 알겠네."

"응, 나는 이 일에 만족하고 있어. 사람들에게 멋진 그림을 소개하고, 그 그림을 파는 일이 즐겁고 보람 있어."

형의 말에 테오가 관심을 보이며 말했어요.

"나도 형처럼 그림 파는 일을 하고 싶어."

"좋은 생각이야. 너는 똑똑하고 누구하고도 잘 지내니까, 이 일이 맞을 거야."

풍차가 있는 곳에 다다르자, 빈센트와 테오가 자리를 깔고 함께 앉았어요.

"테오야, 이제부터 형과 함께 지내자."

"정말? 형과 같이 지낼 수 있다니, 너무 좋은데?"

서로를 바라보며 웃음 짓는 두 형제 뒤로 풍차가

조용히 돌아갔어요.

그 후, 두 사람은 평생 서로를 의지하고 도우며 사이좋게 지냈어요. 떨어져 있을 때도 편지를 주고받으며 형제간의 우정을 쌓았지요.

1873년 5월, 스무 살이 된 빈센트는 영국에 있는 구필 화랑의 런던 지점으로 옮기게 되었어요. 당시 런던은 세계에서 가장 화려한 대도시였지요.

런던에 도착한 빈센트는 테오에게 몇 통의 편지를 썼어요.

사랑하는 테오에게

런던의 넓은 도로는 사람들과 마차들로 붐벼.
또 커다란 다리가 있고, 박물관이나 미술관처럼
화려하고 높은 건물들이 많아.
런던은 정말 크고 화려한 도시야.

그해 학교를 졸업한 테오도 구필 화랑에서 일하게 되었어요. 좋아하는 형을 따라 같은 일을 시작하게 된 것이지요.

어떤 힘든 일이 있어도 실망하지 마.
누구도 처음에는 생각대로 되지 않아.

빈센트는 테오에게 응원의 편지를 보냈어요.

테오가 헤이그에 있는 구필 화랑으로 옮겼을 때는, '헤이그는 어때? 전에 내가 살던 방에서 살고 있니?'라는 유머를 담은 편지도 보냈지요.

런던 지점으로 옮긴 빈센트는 열심히 일했어요. 그곳에서도 동료들에게 인정을 받았어요. 부모님 또한 그를 자랑스럽게 생각했어요.

하지만 그 시기에 이런 편지를 썼어요.

가끔 기분이 우울할 때는 담배를 피우곤 해.
예전처럼 화를 참지 못하는 경우도 줄어들고,
복잡한 일도 잘 풀린단다.

　빈센트는 화려한 런던에서 편안한 생활을 보냈어요. 쉬는 날에는 미술관에 가거나 깔끔하게 정돈된 공원을 산책했어요. 아름다운 꽃을 보며 그림을 그리기도 했지요.
　그러나 그런 생활도 길게 가지는 못했어요.

2 첫사랑 외제니

런던 생활에 익숙해진 빈센트는 런던 남부에 있는 브릭스톤으로 이사를 했어요.

브릭스톤은 꽃과 나무, 작은 동물들이 뛰노는 자연 속에 둘러싸여 있는 곳이었지요. 휴일에 야외로 나가 그림 그리기에 더할 나위 없었어요.

빈센트는 하숙집 주인을 찾아갔어요.

"안녕하세요. 이번에 이사 온…"

"아, 빈센트 씨군요. 저는 우르술라 로이어예요."

 집주인인 우르슐라는 아이들의 공부를 가르치는 일을 했어요. 기품 있고 조용한 여성이었지요.
 "외제니, 빈센트 씨에게 인사하렴."
 "예, 어머니."
 외제니는 우르슐라의 딸이었어요. 미소가 아름다운 아가씨였지요.
 "외제니예요. 잘 부탁드려요."
 "아, 예. 잘 부탁드립니다."

외제니를 처음 본 순간 빈센트는 얼굴이 빨개지고 심장이 쿵쿵 뛰었어요. 그는 밝고 아름다운 그녀가 마음에 들었어요.

열아홉 살의 외제니는 빈센트가 집에 있을 때면 언제나 곁에 앉아 즐겁게 이야기하곤 했지요.

"외제니, 이것 좀 봐 줄래?"

빈센트는 자신이 그린 꽃이나 풍경 그림을 그녀에게 보여 주었어요.

"멋진 그림이에요!"

"그렇게 말해 주니, 기분 좋은데?"

빈센트는 그녀와 함께하는 시간이 즐거웠어요.

"음… 우리 정원에 꽃을 심는 건 어때요?"

"어? 꽃을 심는다고?"

"네, 어머니께 정원에 꽃을 심자고 이야기했어요. 무슨 꽃이 좋을까요?"

"꽃이라면, 라일락이 어때? 향기가 정말 좋거든."

그녀는 빈센트의 말대로 라일락을 심었어요. 보라색의 아름다운 꽃에서 좋은 향기가 풍겼어요.

그해 크리스마스 날, 빈센트는 우르술라의 집에서 그녀와 함께 저녁 식사를 했어요.

"자, 식기 전에 드세요."

식탁 위에 모락모락 김이 나는 따뜻한 음식이 놓여 있었어요.

"와, 맛있겠다. 고마워, 외제니."

빈센트는 사랑하는 외제니와 크리스마스를 보내는 게 너무 행복했어요. 맛있는 음식과 따뜻한 가정, 빈센트가 바라던 것이 그곳에 있었어요.

'외제니와 결혼해서 행복한 가정을 이루고 싶어.'

그녀에 대한 마음이 점점 깊어졌어요. 테오와 부모님에게도 사랑하는 사람이 있다고 편지를 써서 보냈어요.

구필 화랑의 일도 순조롭게 풀려나갔어요. 빈센트는 긴 여름휴가를 얻어 네덜란드의 고향에 다녀올 생각이었어요.

'외제니와 한참 동안 떨어져 있어야 할 텐데…'

빈센트는 깊은 한숨을 내쉬었어요.

'외제니도 내가 없으면 외롭겠지?'

빈센트의 머릿속은 온통 그녀로 가득했어요.

'그래, 외제니에게 청혼하는 거야. 그녀도 나와 함께 있는 게 좋다고 했으니, 분명 나와 같은 마음일 거야.'

그는 외제니를 근처 공원으로 불렀어요.

"외제니, 할 얘기가 있어."

평소 자기 감정을 표현하는데 서툴렀던 빈센트는 무거운 표정을 지으며 어색하게 말했어요.

"무슨 일인데, 그런 심각한 얼굴을 하고 있죠?"

"외제니, 난 오랫동안 너를 좋아했어. 나와 결혼해 주지 않을래?"

빈센트는 가슴이 두근거리고 얼굴이 화끈 달아올랐어요.

"네? 지금 뭐라고 했어요?"

그녀는 놀란 표정을 지으며 빈센트에게서 얼굴을 돌렸어요.

"외제니, 놀라게 했다면 미안해."

빈센트는 갑작스러운 고백으로 그녀가 수줍어한다고 생각했어요.

"빈센트, 미안해요. 나는 단 한 번도 당신과 결혼하고 싶다는 생각을 한 적이 없어요."

그녀가 웃음기 사라진 얼굴로 차갑게 말했어요.

"외제니, 그게 무슨 말이야? 나를 사랑하지 않는 거야?"

"지금 무슨 말을 하는 거예요? 나는 단지 당신을 친구로 생각했을 뿐이에요. 그리고 나는… 결혼을 약속한 사람이 있어요."

"뭐, 뭐라고? 결혼을 약속했다고…?"

빈센트는 파랗게 질린 얼굴로 다시 물었어요.

그녀는 아무 말 없이 집으로 뛰어갔어요.

그 순간 가벼운 현기증이 일었어요. 잠시 동안 눈앞의 풍경이 어지럽게 소용돌이치는 것처럼 느껴졌어요. 빈센트는 그녀가 떠난 후에도 그 자리에 그대로 서 있었어요.

이 일로 그는 마음에 상처를 입었어요. 다시는 그녀를 볼 용기가 나지 않아 하숙집을 다른 곳으로 옮겼어요.

긴 여름휴가가 끝나고 빈센트가 런던으로 나시 돌아왔어요. 그런데 그의 모습을 본 구필 화랑의 지점장은 깜짝 놀랐어요.

실연의 충격으로 볼이 핼쑥해지고, 몸이 빗자루처럼 말랐기 때문이에요.

머리카락도 조금 하얗게 변했지요.

"빈센트, 몸이 많이 안 좋아 보여. 괜찮은가?"

"네, 괜찮습니다."

하지만 빈센트의 눈은 초점이 없어 보였어요.

'음…, 어떡하면 좋지?'

런던 지점장은 빈센트의 큰아버지에게 조언을 구했어요.

"빈센트가 마음이 약해서일 거야. 어쩌면 런던의 분위기와 맞지 않을 수도…. 파리 지점으로 보내 보는 건 어떻겠나?"

큰아버지의 조언대로 지점상은 빈센트를 파리 지점으로 발령 내렸어요. 하지만 여전히 일에 집중할 수가 없었지요.

다시 예전처럼 말이 없어졌고, 손님을 대하는 것도 어렵게 되었어요.

'작년 크리스마스에는 외제니와 함께였는데….'

빈센트는 그녀와 함께했던 추억을 떠올렸어요.

'아, 일이 손에 잡히지 않아. 혼자 있는 게 너무 외로워. 아버지와 어머니, 테오가 보고 싶어.'

그즈음, 빈센트의 아버지인 테오도르 목사는 준데르트에서 에텐의 목사관으로 이사했어요.

빈센트는 가족을 만나기 위해 구필 화랑에 휴가를 신청했지만 거절당했어요.

그는 외로움을 이기지 못하고 마음대로 에텐으로 돌아가 버렸어요.

"빈센트, 당신을 해고하겠네."

이 일로 구필 화랑을 그만두게 되었어요. 그때 빈센트의 나이 스물세 살이었어요.

그 후 큰아버지의 소개로 서점에서 일했어요. 하지만 책 읽는 일에만 몰두한 나머지 서점 일을 제대로 하지 못했어요. 또 학교에서 아이들을 가르치기도 했지만, 무엇 하나 오래 하지 못했어요.

'내가 하고 싶은 일은 이게 아니야. 그렇다면 나는 무엇을 하고 싶은 거지? 무엇을 해야 하냐고!'

빈센트는 앞으로 자신이 무엇을 하며 살아야 할지 고민하며 머리를 감싸 쥐었어요.

다음날, 목사인 아버지와 함께 산책을 나갔어요.

"목사님, 안녕하세요? 오늘 날씨가 참 좋지요? 일요일에 교회에서 뵙겠습니다."

길을 가던 마을 사람들이 아버지를 보며 다정하게 말을 걸었어요. 목사인 아버지는 어려운 사람을 돕거나 성서를 가르치는 일을 했지요. 언제나 성실하고 믿음직스러운 아버지는 마을 사람들로부터 존경을 받았어요.

"목사님 덕분에 매일 행복하게 살아갑니다."

아버지에게 상냥하게 말을 거는 사람들을 보며 빈센트는 다시금 눈이 떠지는 기분이었어요.

'나도 아버지처럼 사람들을 돕고 싶어. 가난한 사람들에게 하느님의 말씀을 전해 주고 싶어.'

처음으로 빈센트는 목사가 되기로 결심했어요.

"좋은 생각을 했구나. 네 결심이 그러하다면 내가 도와주마."

빈센트는 아버지의 지지를 받으며, 신학 대학에 들어가기 위해 암스테르담으로 떠났어요. 하지만 뒤늦은 공부를 하려니 머리에 잘 들어오지 않았어요. 결국 신학 대학 시험에 떨어지고 말았지요.

하지만 빈센트는 포기하지 않고 벨기에의 브뤼셀에 있는 전도사 양성 학교에 들어갔어요. 그곳에서 보리나주에 있는 가난한 탄광 지역 사람들을 알게 되었어요.

보리나주에는 가난으로 힘들어하는 사람들이 많았기 때문에 전도사들도 그 지역에 가는 것을 꺼렸어요.

전도사를 각지에 보내는 브뤼셀의 전도위원회에서도 정식으로 허가를 내 주지 않던 곳이었지요. 하지만 빈센트는 망설임 없이 보리나주로 향했어요.

'이곳은 사람이 살 수 있는 환경이 아니야.'

보리나주에 살고 있는 사람들의 생활은 들은 것 이상으로 어려웠어요.

석탄 먼지로 뒤덮인 거대한 산에서는 연기가 피어 올랐어요. 다닥다닥 붙은 집들은 먼지로 뒤덮여 있었고, 아이부터 노인들까지 모두 얼굴과 옷에 검은 그을음이 묻어 있었지요.

보리나주 사람들은 창고 같은 작은 집에서 살면서 가난과 굶주림, 힘든 노동으로 고통스러운 나날을 보내고 있었어요.

'이렇게 비참한 생활을 하고 있다니! 이 사람들을 위해 하느님의 말씀을 전하고, 그들의 삶에 희망을 주어야겠어.'

그는 마음속으로 몇 번이나 다짐했어요.

"여러분, 신은 당신들과 함께하십니다."

빈센트는 이 불쌍한 사람들의 마음을 보듬어 주기 위해 자신의 옷과 음식을 나누어 주고, 보리나주의 노동자와 같은 모습으로 지냈어요.

이처럼 그가 헌신적으로 일하고 있다는 소식이 전도위원회에 알려졌어요.

"빈센트 씨, 정말 열심히 일하고 있군요. 우선, 전도사로서 6개월 동안 활동해 보세요."

"정말인가요? 네, 열심히 하겠습니다."

정식으로 전도사 일을 맡게 된 빈센트는 월급도 받게 되었어요. 그 돈의 대부분을 보리나주 사람들에게 나누어 주었어요. 자신은 제대로 먹지 못해 점점 야위어 갔어요.

심지어 하나밖에 없던 이불도 사람들에게 나눠 주어서 밤에는 추위에 벌벌 떨었어요. 그래도 빈센트는 행복했지요.

'힘든 상황 속에서도 모두 열심히 살고 있어. 이 모습을 그림으로 남겨 두자.'

그는 보리나주의 사람들과 풍경을 그리기 시작했

어요. 가난하고 고통스러운 삶 속에서도 열심히 살아가는 사람들을 그림으로 그려 세상에 알리고 싶었어요. 어쩌면 그것은 자신에게 보내는 응원이기도 했지요.

전도사로 활동한 지 6개월이 되자 전도위원회에서 빈센트를 불러들였어요.

"빈센트 씨, 지금 당신의 모습이 어떤지 아세요? 우리는 신의 가르침을 전하는 성직자예요. 하느님의 일을 하는 자가 가난한 사람들과 같은 모습을 하고 있다니, 교회를 모독할 셈인가요?"

"제가 무엇을 잘못했죠? 저는 그저 한 사람이라도 더 돕고 싶었을 뿐입니다."

빈센트는 주먹을 꽉 쥐며 말했어요.

"안타깝지만, 당신의 전도사 일은 여기까지입니다. 이건 전도위원회의 결정이에요."

쾅! 그는 주먹 쥔 손으로 교회의 벽을 힘껏 쳤어요. 손에서 피가 줄줄 흘렀어요.

누구보다 어렵고 힘든 사람을 돕기 위해 헌신적이었던 빈센트는 마음 깊이 누르고 있던 서운함이 다시 폭발했어요.

보리나주로 돌아온 그는 아무 일도 할 수 없었어요. 사람들과 말도 하지 않은 채 며칠 동안 집 안에만 있었어요.

'이곳에 하느님이 있기나 한 걸까?'

빈센트는 더 이상 전도사 일을 하지 않기로 했어요. 몸과 마음이 지칠 대로 지쳐 있었지요.

그는 연기가 모락모락 피어오르는 보리나주의 하늘을 올려다보며 눈시울을 붉혔어요.

3 화가가 되기 위한 길

"형, 그동안 잘 지냈어?"

에텐의 집으로 돌아온 빈센트를 보기 위해 테오가 찾아왔어요. 빈센트의 앞에는 연필과 종이가 놓여 있었어요.

"형, 그림을 계속 그리고 있었구나?"

"응, 지금은 그림 그리는 일밖에 없어서."

테오는 형을 걱정스럽게 바라보며 말했어요.

"아버지와 어머니가 많이 걱정하고 있어."

 "그렇겠지. 지금껏 여러 일을 했지만, 어느 것 하나 잘된 게 없으니. 나는 어째서 사람들과 잘 어울리지 못하는 걸까. 그리고 나는…"

 빈센트는 말꼬리를 흐린 채 고개를 숙였어요. 그러고는 천천히 다시 입을 열었어요.

 "나는 사람들에게 도움이 되는 일을 하고 싶어."
 "형, 혹시 생각하고 있는 일이 있어?"

"지금껏 잘된 일이 하나도 없었지만, 그래도 그림 그리는 일은 할 수 있을 것 같아. 이제 나에게 남은 건 화가가 되는 일뿐이야."

빈센트는 그동안 가슴 깊은 곳에 담아 두었던 이야기를 가장 사랑하는 동생 테오에게 전했어요.

"형의 마음을 알 것 같아."

테오는 자신의 속마음을 힘들게 꺼낸 형을 바라보며 다정하게 말했어요.

"앞으로 형은 그림만 그리도록 해. 생활은 걱정하지 말고. 내가 최대한 생활비를 보내 줄게."

빈센트는 놀란 표정으로 테오를 바라보았어요.

"테오야, 정말 고마워. 어쩌면 내 그림이 팔릴지도 몰라. 그때까지만 네 도움을 받을게."

"형, 내가 그림을 파는 상인이야. 사람들이 형의 그림을 좋아하는 날이 올 거야. 내가 형의 그림을

잘 팔아 볼게."

테오가 눈을 크게 뜨며 빈센트를 바라보았어요.

"테오야, 나를 믿어 줘서 고마워."

"고맙긴. 나는 형이 그림을 다시 그리게 돼서 정말 기뻐."

빈센트는 테오의 손을 굳게 잡았어요.

"이제 나는 그림 그리는 일에만 집중할 거야. 사람들을 위로하는 그림을 그리고 싶어."

"형은 반드시 좋은 그림을 그릴 거야. 그건 우리 형제의 꿈이야. 형, 힘내자!"

"그래, 테오야. 우리 꼭 꿈을 이루자."

빈센트는 자신이 믿고 느끼는 것들을 그림으로 남기고 싶었어요. 그리고 화가가 돼서 가난한 사람들을 돕겠다고 다짐했어요.

1880년, 빈센트는 스물일곱 살이 되었어요.

화가를 꿈꾸는 아들을 위해 아버지는 목사관 옆에 그림을 그릴 수 있는 작은 *아틀리에를 마련해 주었어요.

빈센트는 하루도 쉬지 않고 아침저녁으로 그림 그리는 일에만 열중했어요.

'씨를 가득 뿌려 많은 꽃이 피기를 바라듯, 나도

---

*아틀리에 : 화가나 조각가가 그림을 그리거나 조각하는 작업실

많은 그림을 피워 나갈 거야."

어린 시절부터 그림을 그려 왔지만, 빈센트는 아직 자신만의 그림 그리는 방법을 찾지 못했어요.

그래서 여러 가지 방법으로 그림을 그려 보기도 하고, 다른 화가의 작품을 따라 그리기도 했어요. 그림을 많이 그려 보는 것이 필요하다고 생각했지요.

뜨거운 8월의 여름날, 빈센트의 집에 손님이 찾아왔어요. 어렸을 적부터 알고 지낸 케이는 빈센트보다 일곱 살이나 많았어요.

"빈센트, 오랜만이야. 잠시 동안 신세 좀 질게."

그녀는 남편을 잃고, 여덟 살 아들과 함께 여름을 나기 위해 온 것이었지요.

케이는 가끔 빈센트의 아틀리에로 찾아왔어요.

"빈센트, 아주 열심이네."

네덜란드의 암스테르담에서 온 그녀는 똑똑하고

그림에 대한 지식도 많았어요.

"빈센트, 네 그림에서는 강한 힘이 느껴져. 색감도 예쁘고, 정말 잘 그렸어."

"그래? 기분 좋은걸."

케이는 언제나 상냥하게 말을 걸어 주었어요. 그런 케이에게 빈센트는 마음을 열기 시작했어요.

'그녀와 있으면 마음이 편해.'

그는 자신의 일을 응원해 주는 케이를 점점 좋아하게 되었어요.

'케이와 결혼하면 나는 더 이상 혼자가 아니야. 행복한 가정을 꾸리면 그림 그리는 것도 더 잘될 거야. 케이도 남편이 없어서 분명 외로울 거야. 내가 행복하게 해 주고 싶어.'

빈센트는 따뜻한 가정을 이루고 싶었어요. 아직 세상에서 인정해 주지 않는 그림을 케이가 칭찬해 주자, 그녀에 대한 마음이 나날이 커졌지요.

어느 날, 빈센트가 케이를 아틀리에로 불렀어요. 그러고는 진심 어린 표정으로 고백했어요.

"케이, 나와 결혼해 주지 않을래?"

그의 말에 케이는 단호하게 말했어요.

"안 돼. 그건 절대 안 돼!"

그녀는 아직 죽은 남편을 잊지 못했어요.

그러나 빈센트는 남편을 잃은 슬픔에서 빠져나오지 못한 그녀의 기분을 이해하지 못했어요.

그 소식을 들은 아버지가 빈센트를 찾아왔어요.

"도대체 무슨 생각을 하는 거냐?"

평소와 달리 아버지가 화를 내며 소리쳤어요. 가족들과 빈센트를 지지해 주던 테오마저도 편을 들어 주지 않았어요.

다음날, 케이는 일정을 바꿔 아들과 함께 암스테르담으로 돌아갔어요.

"왜지? 왜 나는 안 된다는 거지!"

그녀가 멀어지면 멀어질수록, 가족이 반대하면 할수록 빈센트의 마음은 점점 깊어질 뿐이었어요.

결국 빈센트는 가족의 반대에도 불구하고 그녀를 만나러 암스테르담까지 가게 되었어요.

"케이, 나야. 널 만나러 왔어."

그녀의 아버지인 요하네스 아저씨가 문을 열고 나와 곤란한 얼굴로 말했어요.

"빈센트, 미안하지만 돌아가 주게. 케이는 지금 여기 없네."

"케이가 여기 있다는 것을 알고 왔어요. 아저씨, 잠시라도 좋으니 만나게 해 주세요. 하고 싶은 말이 있어요. 케이도 제 마음을 알아줄 거예요."

"케이는 더 이상 자네와 만나고 싶지 않다고 했네. 나 또한 만나게 해 주고 싶지 않아."

그날 이후, 빈센트는 매일 같은 시간에 케이의 집으로 찾아갔어요. 온화한 요하네스 아저씨도 점점 목소리를 높였어요.

"이제 그만 오게! 도대체 지금 뭘 하는 건가?"

"네! 이제 저도 그만하겠습니다!"

빈센트가 소리치며 현관 앞을 비추는 램프 속에

손을 집어 넣었어요.

"빈센트! 화상을 입을 거야, 그만둬!"

요하네스 아저씨가 깜짝 놀라며 빈센트를 향해 소리쳤어요.

"제 손을 램프에 넣고 있을 때만이라도 좋으니, 케이를 만나게 해 주세요. 부탁드립니다."

"지금 무슨 짓을 하는 건가? 이런다고 케이를 만날 수 있을 것 같아?"

요하네스 아저씨는 서둘러 램프의 불을 껐어요.

"그만 나가 주게나! 이제 두 번 다시 케이와 만날 수 없으니까."

쫓겨난 빈센트는 문밖에서 큰 소리로 외쳤어요.

"왜죠? 왜 케이를 만나게 해 주지 않는 거죠?"

굳게 닫힌 문 앞에서 빈센트는 고개를 떨구고 무릎을 꿇었어요.

'왜 내 마음을 아무도 알아주지 않는 거지? 내가 램프에 손을 넣은 건, 그냥 케이에 대한 사랑을 증명한 것뿐인데…'

빈센트는 한동안 케이의 집 앞에 서 있었어요. 모든 게 원망스럽고 억울하기까지 했어요.

그가 다시 에텐의 집으로 돌아왔지만, 그 누구도 관심을 갖지 않았어요.

그런 와중에 크리스마스 날이 되었어요.

"자, 모두 교회에 가서 예배를 드리자."

크리스마스 날이 되면, 빈센트 가족은 모두 교회에 나가 예배드렸어요.

"저는 가지 않겠습니다."

모두 교회에 갈 준비를 하고 있을 때, 빈센트가 작은 소리로 중얼거렸어요.

"빈센트, 지금 뭐라고 한 거냐?"

"아버지, 이제 저는 하느님을 믿는 것에 흥미가 없어요. 그래서 교회에 안 갈 겁니다."
"진심으로 하는 말이냐?"
"예, 저는 진심이에요. 이제 교회에 가는 일이 제겐 아무 상관이 없어요. 저는 더 이상 교회에 가지 않겠어요."
빈센트의 말에 아버지의 얼굴이 붉으락푸르락 달아올랐어요.

"너는 정말 부끄럽지 않은 거냐? 지난번 케이의 일도 그렇고, 왜 매번 이렇게 삐뚤게 행동하는 거지? 모두 네가 한 행동에 손가락질하고 있어! 빈센트, 왜 교회에 가기 싫다는 거야!"

아버지의 말에 화가 난 빈센트도 지지 않고 목소리를 높이며 말했어요.

"제가 부끄럽다면 이 집을 나가겠어요! 이제 더 이상 이곳에서는 아무 희망이 없다고요!"

"그래, 그렇다면 당장 나가거라."

그곳에 있던 어머니와 동생, 그 누구도 빈센트의 편을 드는 사람이 없었어요.

그 자리에 없었던 테오 역시 나중에 빈센트의 행동을 편지로 꾸짖었어요.

크리스마스의 추운 겨울밤, 빈센트는 에텐의 목사관을 나와 붐비는 집들 사이를 빠져나갔어요.

그래도 테오는 그런 빈센트에게 변함없이 돈을 보내고 지원을 아끼지 않았어요.

새해가 밝은 1882년, 빈센트는 헤이그에 있었어요. 이곳은 사촌의 남편이자 화가인 안톤 마우베가 있는 곳이었어요.

네덜란드에서 제법 화가로 이름을 알린 마우베는 빈센트에게 그림을 가르쳐 주었어요.

"자네의 그림은 조금 서툴지만, 가능성이 보이네. 분명 잘해 낼 수 있을 거야."

마우베의 말에 빈센트는 다시 힘을 얻었어요. 매일 마우베의 화실에 가서 그림 그리는 것을 배웠어요.

"유화는 이런 식으로 그리는 거야."

빈센트는 마우베에게 그림을 배우며 유화도 그릴 수 있게 되었어요. 시간이 날 때는 밖으로 나가 거리의 풍경을 그렸어요. 또 모델을 고용해서 인물을 그리기도 했지요.

"이제 나는 그림 그리는 일밖에 남지 않았어!"

빈센트는 말이나 행동으로 자신의 일을 잘 표현하지 못했어요. 하지만 그림을 통해 자신이 생각하고 있는 것과 느끼는 것을 고스란히 전할 수 있게 되었어요.

그림은 그가 살아 있다는 것을 느끼게 해 주는 소중한 일이었어요.

4 자신만의 그림을 찾아서

　1885년 봄, 빈센트는 서른두 살이 되었어요.

　그가 집을 떠난 지 2년쯤 되었을 때, 가족들은 에텐에서 네덜란드 남부에 있는 누에넨으로 이사했어요. 다행히 테오의 도움으로 빈센트는 가족들과 화해할 수 있었어요.

　"휴~ 드디어 끝냈군!"

　빈센트는 그림을 보며 만족한 듯 안도의 숨을 내쉬었어요.

"이 그림은 다른 화가의 그림과 비교해도 전혀 떨어지지 않아."

그동안 빈센트는 가까운 농가를 다니며 50인 이상의 농민들을 그렸어요. 이 〈감자 먹는 사람들〉은 가난한 사람들이 흙을 일구며 열심히 살아가는 모습을 그린 작품이에요.

'아버지에게 이 그림을 보여 드릴 수만 있다면, 얼마나 좋을까?'

빈센트는 그림 앞에서 잠시 동안 눈을 감았어요.

3월의 어느 날, 아버지는 병에 걸린 마을 사람의 집을 방문하고 돌아오던 중에 계단에서 쓰러져 숨을 거두고 말았어요.

아버지 장례식 날, 그는 그 누구보다 슬피 울었어요. 그동안 걱정만 끼쳐 드렸던 자신의 행동이 후회스러웠기 때문이지요.

'아버지, 이제 아무 걱정하지 마세요. 제 그림이 잘 팔리면 저도 아버지처럼 어려운 사람들을 돌보며 살아갈게요.'

빈센트는 아버지를 생각하며 굳은 다짐을 했어요.

그러나 그가 그린 〈감자 먹는 사람들〉은 동료 화가들에게 인정받지 못했어요. 색이 너무 어둡고 선이 투박하다는 게 사람들의 평가였지요.

'왜 사람들은 내 그림을 좋아하지 않는 거지?'

빈센트는 크게 실망하고 고민에 빠졌어요.
테오가 형을 위로하기 위해 편지를 보냈어요.

형, 내가 있는 프랑스 파리로 오는 건 어때?
예술의 도시 파리로 와서 나와 함께 살자.
파리는 그림을 그리기에 최고의 장소라고 생각해.

당시 테오는 구필 화랑의 파리 지점에서 지점장으로 일하고 있었어요.

테오의 편지를 읽은 빈센트의 머릿속에 파리의 멋진 풍경이 펼쳐졌어요.

'그래, 파리에 가면 훌륭한 선생님께 그림을 배울 수 있을 거야. 화가를 지망하는 동료도 많을 테고, 테오도 같이 있으니 외롭지 않을 거야. 이것만큼 좋은 건 없어.'

1886년 2월, 빈센트는 파리로 떠났어요. 떠나기 전에 테오에게 편지를 썼어요.
　빈센트의 연락을 받은 테오는 깜짝 놀랐어요.
　"형, 6월에 파리에 온다고 하지 않았어?"
　"도저히 6월까지는 기다릴 수가 없었어. 조금이라도 빨리 파리에 가고 싶어."
　테오는 언제나처럼 제멋대로인 형을 받아 주었어요. 빈센트는 테오와 상관없이 파리에서의 생활에 마음이 두근거렸어요.
　파리에는 그림 도구를 파는 화랑과 예술가들의 아틀리에가 많았어요. 또 카페와 레스토랑, 극장 등이 거리 곳곳에 있어 자유롭고 문화적인 도시 느낌이 났어요.
　테오는 빈센트와 함께 살기 위해 넓은 아파트로 이사했어요.

"이 방을 아틀리에로 사용해도 좋아."

"정말 경치가 좋은 방이구나. 여기라면 그림을 잘 그릴 수 있을 거야. 고마워."

커다란 창으로 아름다운 하늘과 마을이 한눈에 보였어요.

"형, 코르몽 선생님 화실에서 그림을 배워 보는 건 어때? 그 화실에는 젊고 유망한 화가들이 많이 다니고 있어. 그곳에서는 친구도 쉽게 사귈 수 있을 거야."

"좋아, 나도 코르몽 선생님께 그림을 배우고 싶어."

빈센트는 테오의 도움으로 코르몽 선생님의 화실에 다니게 되었어요. 그곳에는 스무 살 전후의 젊은 화가들이 있었어요.

"안녕하세요. 저는 로트레크라고 합니다."

스물두 살의 로트레크는 밝고 붙임성 있는 성격으

로 스스럼없이 말을 걸어왔어요.

"빈센트 씨의 그림은 아직 다듬어지지 않았지만, 무척 개성이 있네요."

그 후 앙리 드 툴루즈 로트레크는 프랑스를 대표하는 유명한 화가가 되었어요.

"저는 베르나르라고 합니다. 지금은 점묘화에 도전하고 있습니다."

아직 스무 살밖에 안 된 에밀 베르나르도 빈센트

의 새로운 친구가 되었어요. 그는 점을 찍어 그림을 표현하는 점묘화를 그리고 있었어요.

'점묘화… 나도 그려 보고 싶은걸?'

로트레크와 베르나르와의 만남은 빈센트에게 도움이 되고 자극이 되었어요.

당시는 새로운 기법으로 그림을 그리는 인상파 화가들이 활약하고 있었어요. 특히 모네와 르누아르의 그림은 젊은 화가들에게 인기가 많았어요.

빈센트도 두 작가의 그림을 보며 감탄했어요.

"역시 아름답군. 물감을 섞지 않고도 저렇게 멋진 빛을 표현할 수 있다니, 정말 대단해!"

빈센트는 두 화가의 그림을 유심히 살펴보며 색을 어떻게 사용했는지 연구했어요. 그 이후로, 지금까지 사용하던 어두운색을 버리고 밝은색을 쓰기 시작했어요.

어느 날, 테오가 빈센트를 찾아왔어요.

"형, 빙 씨의 화랑에 있는 일본 판화를 보러 갈까 생각 중인데, 형도 같이 갈래?"

"그래, 같이 가자. 나도 마침 보고 싶었어."

빈센트는 그림 그리는 것을 멈추고 일어섰어요.

그 당시 프랑스를 중심으로 유럽에서는 일본의 미술품이 관심을 받고 있었어요.

그중에서도 특히 우키요에의 인기가 높았지요.

"형, 여기야. 어서 들어가자."

빈센트는 테오와 빙 씨의 화랑에 들어갔어요.

"사람이 정말 많은데? 오길 잘한 것 같아."

빈센트가 사람들을 둘러보며 말했어요.

빙 씨는 실제로 일본에 가서 미술품을 사 왔어요.

"그래, 바로 이거야!"

우키요에 그림을 본 빈센트의 눈이 빛났어요.

"오, 이 그림은 구도가 단순하면서도 대담해. 또 색이 화려하고 섬세하면서도 역동적인 선이 조화롭게 섞여 있어. 정말 자유롭고 참신한 그림이야."

빈센트는 여러 장의 그림을 샀어요. 그리고 그 작품을 흉내 내어 그렸지요.

단지 그림을 따라 그린 것이 아니라, 구도와 색을 바꾸거나 재창조하기도 했어요.

빈센트가 파리에 온 지 어느덧 5개월이 지났어요.

파리의 거리는 뜨거운 태양 아래 찬란하게 빛났어요. 빈센트는 강렬한 색상의 파리 풍경들을 열심히 그렸어요. 그의 그림은 밝은 빛과 풍부한 색깔로 빛났어요.

그 무렵 빈센트는 노란색을 주로 사용했는데, 그때 그린 〈프랑스의 소설〉은 젊은 인상파 화가들에게 반응이 좋았어요. 하지만 그림이 팔리지 않기는 마찬가지였어요.

파리에 있는 동안 빈센트는 그림물감이나 도구를 사기 위해 탕기 할아버지의 화방에 들렀어요.

푸근하고 인자한 웃음으로 화가들을 챙겨 주는 그를 사람들은 '탕기 할아버지'라고 불렀어요.

"안녕하세요? 탕기 할아버지."

"오, 빈센트 군. 오늘은 무엇을 사러 왔나?"

탕기 할아버지는 빈센트를 무척 좋아했어요.

"붓이 몇 개 필요합니다."

"그래, 조금만 기다려 주게."

탕기 할아버지는 화가들에게 그림 도구를 싸게 팔거나, 때때로 공짜로 주는 일도 있었어요. 또한 빈센트의 그림을 높게 평가해 주는 몇 안 되는 친구 중 한 사람이었지요.

탕기 할아버지는 그의 가게에서 손님들의 눈에 제

일 잘 띄는 곳에 빈센트의 그림을 걸어 두었어요.

뛰어난 재능을 갖고 있어도 사람들에게 인정받지 못하는 그를 늘 안타깝게 생각했지요. 하지만 탕기 할아버지의 마음과 달리 빈센트의 그림은 단 한 점도 팔리지 않았어요.

"요즘은 어떤가? 좋은 그림을 그리고 있나?"

탕기 할아버지가 붓을 건네며 물었어요.

"인물화를 그리고 싶은데 마땅한 모델이 없어요. 모델을 쓰려면 돈이 들거든요. 그래서 요즘은 거울을 보며 제 얼굴을 자주 그리곤 해요."

그 시기에 빈센트는 거울에 비친 자신의 모습을 그림으로 그렸어요. 파리에 있던 2년 동안 30장이 넘는 자화상을 그렸지요.

그중에서도 〈화가로서의 자화상〉은 그가 그린 자화상 중에서 대표 작품으로 평가받고 있어요.

테오도 그 그림을 보고 '정말 형의 모습과 똑같아.'라고 말하기도 했지요.

"음… 나라도 좋다면 모델이 되어 주겠네."

탕기 할아버지가 장난스럽게 웃으며 말했어요.

"정말이세요? 그럼 부탁드리겠습니다."

그날 이후, 빈센트는 매일 탕기 할아버지를 찾아가 그림을 그리기 시작했어요. 그렇게 해서 탄생한 것이 〈탕기 영감의 초상〉이라는 작품이에요.

"빈센트, 아주 미남으로 그려 주었군. 하하. 그런데 이 그림의 배경은 자네의 그림 스타일과 많이 다른 것 같은데…."

평소 빈센트의 그림에 관심이 많았던 탕기 할아버지가 그림을 뚫어져라 바라보며 말했어요.

"네, 색과 질감을 바꿔 봤습니다."

"그동안 자네가 그린 그림은 조금 어두운 느낌이었

는데, 이 그림은 밝고 색 조합도 정말 좋네."

탕기 할아버지는 그림이 만족스러운 듯 칭찬을 늘어놓았어요. 빈센트는 탕기 할아버지의 칭찬에 자신감이 되살아나는 것을 느꼈어요.

어느 날, 테오가 그림 한 장을 가지고 왔어요.

남쪽에 있는 섬의 풍경을 그린 그림이었지요.

"형, 이 그림을 어떻게 생각해?"

"음…, 색감이 밝고 힘이 느껴져. 이 그림을 그린 사람이 누구지?"

빈센트는 그림을 뚫어져라 보고 또 보았어요.

"폴 고갱이라는 화가야."

"고갱? 정말 멋진 그림이야."

"나도 그렇게 생각해. 현재 구필 화랑에서 이 그림을 살까 말까 고민 중이거든. 형의 의견을 들으니 역시 사는 게 좋겠어."

"응, 그렇게 하는 게 좋을 것 같아."
 폴 고갱, 그 이름은 빈센트의 마음속에 강하게 새겨졌어요.
 며칠 후, 빈센트는 테오를 만나기 위해 파리에 있는 카페로 갔어요. 그곳에는 테오와 한 신사가 기다리고 있었지요.
 "어이, 자네가 빈센트인가? 테오에게 자네 일을 들

었네. 내 그림을 칭찬해 주었다고."

 빈센트보다 몇 살 더 많은 이 신사는 몸가짐도 반듯하고 품위가 느껴지는 말투로 점잖게 인사했어요.
 "내 이름은 폴 고갱이네. 앞으로 잘 부탁하네."
 "아, 당신이 고갱이군요. 당신의 그림을 잘 봤습니다. 정말 멋진 그림이더군요."
 "형, 커피라도 마시면서 이야기해."
 그렇게 테오의 소개로 빈센트와 고갱은 첫 만남을 갖게 되었어요.
 고갱은 화가가 되기 전에 증권 회사에 다녔어요. 그는 행복한 가정을 꾸리고 여유로운 생활을 했지요. 그런데 일과 가정을 버리고 화가가 되어 파리로 오게 된 거예요.
 "좀처럼 그림이 팔리지 않았는데, 자네 덕에 그림을 팔게 되었어. 고맙네."

그날 이후, 빈센트와 고갱은 카페와 술집에서 자주 만나며 그림에 관해 이야기를 나누었어요.

"왜 내 그림은 사람들에게 인정받지 못할까?"

빈센트가 큰 목소리로 떠들었어요.

"빈센트, 언젠가 우리 시대가 올 걸세. 그때까지 참고 그림 그리는 일을 계속하는 거야."

"왜? 왜냐고!"

술을 마시면 어린아이처럼 고함을 지르는 빈센트를 고갱은 차분하게 달랬어요.

고갱은 머리도 좋고 그림을 대하는 생각도 확실했지요. 그런 고갱을 빈센트는 존경했어요.

고갱도 그림에 대해 진심인 빈센트를 소중한 친구로 인정해 주었지요.

하지만 빈센트의 괴팍한 성질은 날이 갈수록 심해졌어요.

"내 그림이 어떤가? 어떻게 생각하냐고?"

빈센트는 동료 화가나 테오의 친구들에게 막무가내로 따지며 물었어요.

그렇게 자기 말만 하고는 마음에 들지 않으면 화를 내고 어디론가 사라져 버렸지요.

테오는 이런 형의 모습을 지켜보는 게 힘들었어요. 친구들하고도 점점 멀어졌지요. 하루는 답답한 마음에 여동생에게 편지를 썼어요.

> 이제 우리 집에는 아무도 오지 않아.
> 형의 마음속에는 두 개의 얼굴이 있는 것 같아.
> 언제나 자신과 싸우고 있지.
> 나도 이제 어떻게 할 수가 없어.

 테오는 형을 존경했지만, 대책 없는 그의 태도에 지쳐 갔어요. 그래서 거리를 두기로 했지요. 그런 테오의 마음이 빈센트에게 고스란히 전해졌어요.
 '왜 내 그림은 팔리지 않는 걸까? 왜 다른 사람들은 내 그림을 이해하지 못하지? 아, 어떻게 해도 이 기분을 막을 수가 없어! 테오도 나 때문에 곤란하게 되고, 이대로는 그림을 그릴 수가 없어.'
 빈센트는 괴로운 듯 머리를 감싸며 아틀리에를 빙빙 걸었어요.
 '나는 화려한 파리하고는 맞지 않는 것 같아. 아무

래도 한적하고 조용한 시골에서 그림을 그리는 게 좋겠어. 아, 흙냄새와 땀 냄새를 풍기던 사람들이 그리워.'

빈센트는 하루에도 수십 번 파리를 떠나야겠다고 생각했어요. 이런 생각에 사로잡히자 더 이상 파리에 머물 수가 없었어요.

며칠을 고심한 끝에, 그가 테오에게 조심스럽게 말을 꺼냈어요.

"테오야, 아무래도 나는 파리를 떠나야 할 것 같아. 화려한 이곳은 나에게 맞지 않아."

테오는 형의 말을 조용히 듣고 있었어요. 형과 함께하는 생활이 힘들었지만, 막상 형이 떠난다고 하니 섭섭한 마음이 들었어요.

"테오야, 나는 시골이 그리워. 흙과 풀 내음, 그리고 그 속에서 살아가는 사람들의 모습을 그리고 싶어. 너는 나를 이해할 수 있지?"

 테오는 말 없이 고개를 끄덕였어요. 형이 아무 걱정 없이 그림만 그릴 수 있다면 아무래도 좋다고 생각했어요.

 그날 저녁 빈센트와 테오는 준데르트에서 있었던 일들을 추억하며 오래도록 이야기 나누었어요.

 다음날 아침, 빈센트는 테오가 화랑으로 출근한 뒤에 집 안을 깨끗하게 정리했어요. 그러고는 테이블 위에 편지를 두고 아틀리에를 나왔어요.

사랑하는 테오에게

형은 오늘 아를로 떠난다.

그동안 고마웠어.

아를에 도착하면 편지하마.

건강하게 잘 지내거라.

1888년 2월의 어느 날, 빈센트는 프랑스 남부에 있는 작은 시골 마을인 아를로 향하는 기차에 올랐어요. 그는 눈을 감고 아를의 아름다운 풍경을 떠올렸어요.

'뜨거운 태양과 넓은 들판, 아름다운 꽃과 나무들. 그리고 땀 냄새 풍기는 사람들…'

생각만으로도 빈센트의 심장이 두근두근 뛰기 시작했어요.

5 아를의 빛과 그림자

　아를의 3월은 따스한 햇살이 눈부시게 아름다웠어요. 빈센트는 이른 아침부터 거리로 나가 마을 이곳저곳을 돌아다녔어요.
　마음에 드는 곳이라면 어디든 자리 잡고 앉아 그림을 그리기 시작했어요. 그의 시선이 닿는 곳은 어디든지 그림으로 그렸어요.
　"정말 아름다워! 이곳은 내가 원하는 모든 것이 다 있어. 좀 더 빨리 아를에 왔으면 좋았을걸."

빈센트는 하루도 쉬지 않고 그림을 그렸어요.

봄이 오자 가지마다 연둣빛 새순이 돋아나고, 여기저기서 꽃들이 피어났어요. 새들의 지저귀는 소리도 마음을 들뜨게 했지요.

'내 친구 로트레크와 베르나르, 고갱도 아를에 오면 좋을 텐데…'

그는 아를의 풍경을 감상하며 친구들을 떠올렸어요. 그런 마음을 테오에게 편지로 전했지요.

빈센트는 친구들이 오면 함께 지낼 집을 구하기 위해 산책을 나섰어요. 그렇게 한참을 걷다가 라마르틴 광장에 있는 아담한 노란색 이층집을 보게 되었어요.

"와, 정말 멋진 집이야!"

햇살을 가득 안은 노란 집은 짙고 푸른색의 하늘과 맞닿아 더욱 아름다웠어요.

노란 집은 빈센트에게 그림에 대한 새로운 열정과 의욕을 안겨 주었어요.

그는 파리에 있는 테오에게 편지를 보냈어요.

"나는 이곳에서 화가 친구들과 함께 살고 싶어. 친구들과 생활하면서 대화도 하고, 서로 격려하며 멋진 그림을 그리고 싶어. 이 노란 집을 '예술가의 집'으로 할 생각이야."

"형, 정말 좋은 생각이야. 그러면 내가 여기서 아를에 가고 싶은 화가를 찾아볼게."

여름이 되자, 아를의 대지에는 황금빛 해바라기가 활짝 피었어요. 빈센트는 '태양의 꽃' 해바라기를 열심히 그렸어요. 그 노란색 해바라기를 통해 꿈틀대는 자연의 생명력을 느꼈어요.

"형, 고갱이 아를에 가기로 했어."

"정말이니? 고갱이 오다니! 믿을 수가 없어."

빈센트는 테오에게서 온 편지를 읽고 뛸 듯이 기뻤어요. 고갱과 함께 그림 그릴 생각만으로도 마음이 행복했지요.

1888년 10월, 고갱이 노란 집에 왔어요.

"고갱, 자네가 왔구먼. 정말 잘 왔네."

"오, 멋진 곳이야. 빈센트 자네와 아주 잘 어울리는 집이군."

그날 밤 두 사람은 와인을 마셨어요. 그동안의 일들을 이야기하며 밤새는 줄 몰랐어요.

매일 두 사람은 그림을 그리고 서로의 작품을 보여 주며 그림에 대해 평가해 주었어요.

"빈센트, 눈앞의 현실뿐만 아니라 상상력으로 그림을 그려 봐."

"그런가? 내 그림이 너무 현실적이라는 거지?"

"그렇다네. 마음속에 떠오르는 것, 과거의 추억과

기억도 담아서 그려 보도록 해."

빈센트는 고갱의 조언에 고개를 끄덕였지만, 그 조언을 받아들일 수는 없었어요.

그동안 상상하는 것보다 눈앞에 있는 모습이 중요하다고 생각하며 그림을 그려 왔어요. 그렇게 쉽게 생각을 바꾸는 것은 어려웠지요.

"빈센트, 그림을 이렇게 그려 보는 건 어떤가?"

고갱에게 똑같은 말을 반복적으로 들을수록 자신의 작품이 지워지는 것 같아 괴로웠어요.

시간이 갈수록 두 사람은 성격 차이 때문에 다투는 일이 종종 있었어요.

"빈센트, 왜 내 말을 안 듣는 거지?"

"고갱, 나는 자네가 하는 말을 이해할 수 없네."

그림에 대한 서로의 생각이 강하다 보니 사소한 다툼이 끊이지 않았어요. 서로 말다툼하는 날이 많아질수록 두 사람의 관계가 멀어져 갔어요.

더 이상 빈센트와 함께할 수 없네.

그와 나는 성격이 맞지 않아.

고갱은 노란 집에서의 생활을 뒷바라지해 준 테오에게 편지로 자신의 생각을 전했어요.

그날은 크리스마스 전날로 마을 곳곳이 분주했어요. 두 사람은 여전히 말다툼하고 있었지요.

화가 난 빈센트가 갑자기 고갱에게 유리잔을 던졌어요.

"지금 뭘 하는 건가? 나는 이 집을 나가겠네!"

다음날, 어둠이 짙게 깔린 밤에 고갱은 짐을 꾸려 노란 집을 떠났어요.

"고갱, 나를 용서해 줘. 제발 떠나지 말게."

빈센트는 머리를 감싸며 흐느껴 울었어요.

"지금 내가 무슨 짓을 한 거지? 이대로 모든 게 끝나 버리면 어쩌지? 그동안 나를 믿고 응원해 준 테오를 배신하는 거라고!"

그는 불안감에 휩싸였어요. 마치 머릿속이 소용돌이치는 것처럼 빙빙 돌았어요.

"고갱을 붙잡지 않으면…."

정신이 번쩍 든 빈센트는 노란 집을 뛰쳐나와 고갱을 따라갔어요.

"아, 아, 아… 고갱, 지금 어디에 있는 거야?"

빈센트는 숨이 차도록 달렸어요. 차디찬 추위에 그의 얼굴이 금세 새빨개졌어요.

빈센트를 발견한 고갱이 소리쳤어요.

"빈센트, 적당히 좀 하게. 왜 날 쫓아오는 거지? 어서 돌아가라고!"

"고갱, 부탁이야. 다시 돌아와 줘."
"어? 자네 지금 손에 들고 있는 게 뭔가?"
고갱이 깜짝 놀라며 물었어요.
빈센트의 손에는 면도칼이 쥐어져 있었어요.
"이제 끝이야! 나는 두 번 다시 노란 집에는 안 돌아가."
고갱은 당황하면서도 단호하게 말했어요. 그리고

는 등을 돌린 채 떠나 버렸어요.

빈센트는 아무 말 없이 고갱이 떠난 자리를 한참 동안 바라보았어요.

"전부 내 잘못이야. 다들 나를 미워해!"

집으로 돌아온 빈센트는 더 이상 자신을 감당하지 못했어요.

심한 현기증이 그를 다시 덮쳤어요.

"아, 아…"

그 순간 빈센트는 손에 들었던 면도칼로 자신의 왼쪽 귀를 잘라 버렸어요.

그 소식을 들은 테오가 형이 입원한 병원으로 달려갔어요. 머리를 붕대로 동여맨 채 잠들어 있는 형의 얼굴은 창백해 보였어요.

"형, 이게 무슨 일이야?"

테오는 빈센트의 얼굴을 보며 흐느껴 울었어요.

"테오야, 네가 왔구나. 미안하다. 이 못난 형을 용서해다오."

테오는 아무 말 없이 형의 손을 잡아 주었어요.

"바쁠 텐데, 이렇게 병원에 와도 괜찮아?"

"형, 무슨 말이야. 형의 일보다 더 중요한 건 없어. 몸은 좀 괜찮아?"

그날은 테오가 요한나라는 여인과 결혼하기 위해 네덜란드에 가기로 한 날이었어요.

"형, 다시는 이런 짓 하지 마. 당분간 병원에서 조용히 쉬도록 해."

"그래, 알았어. 테오야, 미안해."

빈센트는 입원한 지 2주일 만에 몸 상태가 좋아져 퇴원했어요. 하지만 집 주위에 마을 사람들이 잔뜩 모여 수군댔어요.

"저 미치광이가 또 무슨 짓을 하면 어쩌지?"

"맞아, 우리 귀도 자를지 몰라."

지방 신문에 '귀 자른 사건'이 실리자, 마을 사람들이 모여든 거예요. 그들은 시장에게 빈센트를 병원에 입원시키라고 항의했어요.

빈센트는 테오에게 이런 상황을 의논했어요.

"지금 형의 몸과 마음이 많이 지쳐 있는 것 같아. 아를에서 가까운 생레미 정신 병원에 입원해 보는 건 어때?"

"그래, 병원에서도 그림을 그릴 수 있으니, 네 말대로 할게."

빈센트는 어린 시절부터 자신의 감정을 조절하지 못했어요. 지금처럼 발작이 일어나면 머리가 어지럽고 숨이 차서 심장이 두근두근 뛰었지요.

심할 때는 자신이 무엇을 하고 있는지조차 모르는 일이 많았어요.

'생레미 병원에는 좋은 의사가 많으니, 이 병을 고칠 수 있을 거야. 이대로는 아무것도 할 수 없어. 만약 그림도 그릴 수 없게 된다면…. 어떻게든 이 병을 꼭 고치겠어.'

빈센트는 처음 아를에 왔을 때를 떠올렸어요.

푸른 들판과 나무, 일하는 농부들을 보며 가슴 떨려 하던 것이 엊그제 같은데, 지금은 모든 꿈이 깨진 채 아를을 떠나게 되었지요.

그러나 아를에서 지낸 1년 동안, 빈센트는 200점에 가까운 작품을 남겼어요.

여러 점의 〈해바라기〉를 비롯해 〈노란 집〉, 〈밤의 카페 테라스〉 등 다수의 대표작이 이곳에서 태어났어요.

그해 봄, 테오는 약혼자였던 요한나와 결혼했어요. 생레미 정신 병원에 입원한 빈센트는 테오에게 편지

를 보냈어요.

테오야, 결혼 축하해.

생레미 병원은 올리브나무로 둘러싸여 있고,

정원에는 라일락과 아이리스가 활짝 피어 있어.

그림을 그리기에 참 좋은 곳이야.

나는 이곳에 오길 잘했다고 생각해.

그 시기에 빈센트는 사이프러스와 올리브나무, 밀밭을 자주 그렸어요.

병실의 창으로 보이는 밤의 풍경을 담은 〈별이 빛나는 밤〉도 이 시기에 그린 작품이에요.

빈센트의 그림은 점점 색감이 강렬해지고 생동감이 넘쳐 났어요. 그림의 질감 하나하나가 살아 있었고 힘이 느껴졌어요.

마치 자신의 마지막 힘을 불어넣어 그린 것처럼 보였어요.

'날씨가 정말 좋군. 모처럼 외출 허가를 받았으니, 오늘은 숲으로 가 볼까?'

햇살이 뜨겁게 내리쬐는 여름날, 빈센트는 이젤을 들고 병원을 나왔어요. 병이 나은 것처럼 몸이 가볍게 느껴졌어요.

"으…!"

그림을 그리던 빈센트는 갑자기 숨이 차오르면서 심장이 두근댔어요.

'이런, 머리가 빙빙 돌고 숨이 차. 아를에 있을 때와 같은 기분이야.'

그는 휘청거리며 병원으로 되돌아갔어요.

다음날, 빈센트는 소리를 지르며 병실에 있던 컵과 화구를 던져 버렸어요. 간혹 자신이 한 일을 까맣게

잊기도 했어요. 점점 발작이 심해져 1개월 넘도록 병실 밖으로 나가지 못했어요.

"이제 어떡하면 좋지? 이대로는 그림을 그릴 수가 없어!"

빈센트는 점점 불안감에 휩싸여 고통스러운 나날을 보냈어요.

6 하늘의 별이 된 빈센트

　1890년 1월, 테오와 요한나에게 남자아이가 태어났어요. 테오는 그 소식을 가장 먼저 빈센트에게 알렸어요.
　"아들의 이름을 형과 같은 빈센트로 했어. 형처럼 의지가 강한 사람으로 키우고 싶어."
　"나와 같은 이름이라니, 조금 걱정되는데? 이제라도 늦지 않았으니 이름을 바꾸는 게 어때?"
　빈센트는 그렇게 말하면서도 한편으로는 기뻤어요.

"형, 파리 근처에 있는 오베르로 가는 건 어때? 그곳에는 가세 박사님도 있으니, 안심하고 그림을 그릴 수 있을 거야."

폴 가세는 정신과 의사였어요. 그림을 좋아해 많은 화가와 친하게 지냈어요.

예술에 호의적인 가세라면 형의 기분을 알지 않을까, 하고 테오는 생각했어요.

"오베르라…, 좋은 생각이야. 그 마을에 예술가들이 많다고 들었어."

빈센트는 생레미 정신 병원에서 나온 지 1년 만에 오베르로 가기로 결정했어요.

그는 오베르로 가기 전에, 테오와 요한나의 아들을 보기 위해 파리에 들렀어요.

"요한나, 반가워요. 아, 이 아이가 나와 같은 빈센트군요."

요한나의 품에 안겨서 새근새근 잠든 아기를 보자, 그의 눈에 눈물이 흘러내렸어요. 그 무엇보다도 따뜻한 눈물이었지요. 그런 형의 모습을 본 테오의 눈에서도 뜨거운 눈물이 흘렀어요.

"요한나, 며칠 전에 내가 보낸 선물이 도착했나요?"

빈센트는 파리에 오기 전에 그가 그린 〈꽃이 핀 아몬드 나무〉를 테오의 집으로 보냈어요.

"그럼요. 빈센트, 고마워요. 정말 예쁜 그림이에요. 이 아이도 기뻐할 거예요."

요한나는 아기를 바라보며 말했어요.

"맞아. 형의 그림은 정말 훌륭해!"

테오는 잡지를 펼쳐 형에게 보여 주었어요. 그곳에는 빈센트의 그림을 높이 평가하는 기사가 실려 있었지요.

"형이 그린 〈아를의 붉은 포도밭〉도 팔리고, 점점 형의 그림이 세상에 알려지고 있어."

"그건 다 네 덕이야. 내가 여기까지 올 수 있었던 건, 언제나 네가 나를 도와주어서 그래."

"형에게는 남들에게 없는 재능이 있어. 이제 사람들도 형의 그림을 좋아할 거야!"

테오는 자기 일처럼 흥분하며 말했어요.

빈센트는 사흘 동안 파리에 머물며 테오 가족과 즐거운 시간을 보냈어요.

"요 며칠 동안 정말 행복했어. 이렇게 많이 웃어 본 적이 없는 것 같아. 테오, 우리 또 만나자."

그는 테오 가족에게 작별 인사를 하고, 가셰 박사가 있는 오베르로 떠났어요.

그곳은 빈센트가 최후를 맞이한 장소예요. 물론, 그 누구도 빈센트에게 닥쳐올 불행을 몰랐지요.

"잘 왔네, 빈센트. 내가 가셰일세."

가셰 박사는 여든이 넘은 노신사였어요. 작은 몸집에 품격이 느껴지는 목소리와 자태를 지녔지요.

"지금 기분은 어떤가? 내가 자네의 건강을 책임질 테니, 이곳에서 마음껏 그림을 그리게나."

가셰 박사의 다정한 말에 빈센트는 마음이 놓였어요. 더구나 오베르의 아름다운 풍경이 그의 마음을 평화롭게 했어요.

이튿날부터 빈센트는 오베르의 풍경을 그리기 시작했어요.

5월 한 달 동안 그림 그리는 일에만 열중했어요. 모처럼 살아 있는 기분을 느꼈어요.

6월 10일, 파리에서 테오 부부가 아기를 데리고 놀러 왔어요.

"테오, 잘 왔어. 아기도 많이 컸구나."

"형, 건강해 보여서 다행이야."

"응, 이곳에 온 뒤로 마음이 아주 편해. 그림도 잘 그려지고. 모든 게 마음에 들어."

테오는 밝은 모습의 형을 보며 안심했어요.

"어서들 오게. 오늘은 다 함께 식사하세."

가셰 박사가 빈센트와 테오 가족을 위해 작은 파티를 열어 주었어요.

"꼬끼오~ 꼬꼬꼬!"

정원을 뛰놀던 닭이 갑자기 큰 소리로 울어대자, 아기 빈센트가 놀란 얼굴을 했어요.

"하하하, 얼굴 좀 봐."

신기하게도 빈센트가 소리 내어 웃었어요.

'이제 발작은 안 일어나겠지?'

테오도 요한나도, 의사인 가셰 박사도 빈센트가 웃는 모습을 보며 생각했어요.

테오 가족이 파리로 돌아가자, 빈센트는 아침부터 저녁까지 쉬지 않고 그림을 그렸어요.

오베르 교회와 밀밭, 신세를 지고 있는 가셰 박사와 그의 아이들도 그렸어요. 빈센트는 모든 열정을 담아 열심히 그렸어요.

7월이 되자, 테오에게 편지가 왔어요.

'형, 빈센트가 많이 아파. 열이 내리지 않아.'

빈센트는 안절부절못하고 서둘러 파리로 떠났어요. 그가 파리에 도착했을 때는 다행히 열이 내리고 상태가 많이 좋아졌어요.

그러나 테오의 모습이 평상시와 달랐어요.

"테오, 무슨 일 있었니?"

"실은 구필 화랑을 관두고, 내 일을 시작하려고."

"뭐? 왜 구필 화랑을 관두려는 거야?"

테오의 말에 빈센트가 걱정스럽게 물었어요.

"이제 나도 가족이 생겼잖아. 구필 화랑의 일로는 생활이 어려워."

"아, 그렇구나."

"요한나는 내가 새로운 일을 시작하는 게 불안한가 봐. 그래서 반대하고 있어. 그 일로 우리는 서로 싸우기도 해."

테오의 말을 들은 빈센트의 표정이 어두워졌어요.

'이 모든 게 나 때문이야. 테오가 내게 돈을 보내고 있어서 생활이 어려운 거야. 내가 행복한 테오의 가정을 망치고 있는 건 아닐까?'

그는 마음이 아프고 복잡했어요.

오베르로 돌아온 빈센트는 깊은 슬픔과 외로움을 담아 〈까마귀가 나는 밀밭〉을 그렸어요.

'내가 생각하고 느끼는 것을 그림으로 그리고 싶어. 내가 아니면 그리지 못하는 그런 그림. 반드시

사람들이 내 그림을 좋아해 주는 날이 올 거야.'

그는 자신에 대한 믿음을 갖고 계속 그림을 그렸어요. 하지만 그림은 좀처럼 팔리지 않았지요.

게다가 언제 발작이 일어날지 몰라 늘 불안했어요. 그래도 빈센트는 슬픔과 불안을 견디며 계속해서 그림을 그렸어요.

1890년 7월 27일, 그날은 일요일이었어요.

빈센트가 점심을 먹고 언제나처럼 이젤과 붓을 들고 그림을 그리러 나갔어요.

뜨거운 태양이 내리쬐는 황금색의 밀밭을 천천히 걸었어요.

얼마나 시간이 지났을까요? 마른 총소리가 바람에 살랑이는 밀밭에 울려 퍼졌어요. 새무리가 놀라서 일제히 날아올랐어요.

저녁 무렵, 빈센트가 배를 부여잡고 하숙집에 돌

아왔어요. 안색이 나쁘고 발걸음은 떨렸지요.

"아니, 이게 다 무슨 일인가? 빈센트, 피가, 피가 나지 않나?"

가셰 박사가 울먹이며 말했어요.

"박사님, 너무 슬퍼하지 마세요. 이건 누구의 잘못도 아니에요. 제가…"

그 순간 빈센트는 정신을 잃고 그대로 침대에 쓰러졌어요.

그가 총에 맞았어요. 어쩌면 스스로 쏜 건지도 몰라요. 지금까지 정확하게 밝혀지지 않았어요.

"형, 도대체 어떻게 된 일이야?"

가셰 박사에게 연락을 받고 한달음에 달려온 테오가 울부짖으며 소리쳤어요.

"테오, 나는 또 실패했어."

침대에 누워 있는 빈센트가 힘없이 말했어요. 가

슴이 피로 물들어 있었어요. 테오가 형의 손을 잡으며 슬픈 눈으로 흐느꼈어요.

"형…, 형…! 제발… 흑흑흑…."

"테오야, 울지 마. 이제 내가 모두에게 폐 끼치는 일은 없을 거야."

"형, 그게 무슨 말이야? 왜 그런 생각을 해!"

"테오야, 네가 있어서 그림을 그릴 수 있었어. 내 그림은 모두 너와 함께 그린 거야. 내 옆에 네가 있어서 나는 정말 행복했어."

"나도 형이 있어서 행복했어. 흑흑!"

밤이 깊어질수록 빈센트의 의식이 흐려졌어요.

"테오야, 우리 어렸을 때 생각나니?"

"그럼, 생각나지."

"그때 우리는 참 행복했었는데…. 언제나 함께였지. 하지만 지금의 나는 외롭고 슬프단다. 더 이상 그림

을 그리지 못할까 봐, 매일 밤 두려웠어."

"형, 형! 죽으면 안 돼!"

가쁜 숨을 몰아쉬는 빈센트를 붙잡고 테오가 울부짖었어요.

"테오야, 별이 참 아름답구나."

창밖으로 밤하늘의 별이 반짝반짝 빛났어요. 어린 시절 두 사람이 언제나 보던 풍경이었지요.

그날 밤, 빈센트는 서른일곱 살의 젊은 나이로 불꽃 같은 생을 마쳤어요.

빈센트가 본격적으로 그림을 그리기 시작한 때가 스물일곱 살이었어요. 화가로서 활동한 것은 고작 10년 정도였지요. 그 기간 빈센트는 수백 점의 작품을 남겼어요.

많은 좌절과 고통 속에서도 포기하지 않고 그림으로 표현한 빈센트의 작품은 하나같이 살아 움직이는 듯 힘이 느껴졌어요. 그것이 사람들이 빈센트의 그림에 감동하는 이유지요.

빈센트의 장례식에는 살아생전에 절친하게 지냈던 탕기 할아버지, 가셰 박사, 베르나르, 로트레크 등 많은 사람들이 참석했어요.

"테오, 지금 울고 있을 때가 아니네. 빈센트의 그림을 반드시 세상에 알려야 해."

흐느껴 우는 테오에게 베르나르가 말했어요.

빈센트가 죽은 지 1개월 후에, 테오와 베르나르는 빈센트 전시회를 열었어요.

"와, 정말 멋진 그림이야!"

"독특하고, 그림 하나하나에 힘이 넘쳐!"

"정말 매력적인 그림이야."

빈센트 전시회를 찾은 사람들은 한결같이 입을 모아 칭찬했어요.

그 모습을 지켜보던 테오의 눈에서 눈물이 글썽거렸어요.

'형, 하늘에서 보고 있지? 사람들이 형의 그림을 좋아하고 있어.'

테오는 빈센트의 그림을 사람들에게 알리기 위해 아침부터 밤까지 무리해 가며 일했어요.

원래 몸이 약한 데다 형을 잃은 슬픔까지 겹쳐 테

오의 몸은 점점 더 쇠약해졌어요.

"형의 그림을… 반드시…."

빈센트가 세상을 떠난 지 반년 후인 1891년 1월, 테오도 빈센트를 따라 서른세 살의 젊은 나이에 생을 마쳤어요.

에필로그

"테오, 이대로 떠나면 어떡해요? 나와 빈센트는 어떻게 살라고… 흑흑, 보고 싶어요."

어린 빈센트를 안은 요한나가 슬피 울었어요.

테오는 형을 그 누구보다 사랑했어요. 그래서 형의 죽음을 쉽게 받아들이지 못하고 슬퍼하다 병에 들고 말았어요. 그 사실을 잘 알았던 요한나는 남편의 죽음이 믿기지 않으면서도, 어쩌면 형과 영원히 함께할 운명이 아니었을까, 하고 생각했어요.

"테오를 위해서라도 형의 그림을 세상에 알려야만 해. 꼭 그렇게 하겠어!"

요한나는 살아생전에 테오가 그토록 사랑했던 빈센트의 그림을 보며 다짐했어요.

우선, 빈센트의 친구였던 화가 베르나르의 도움을 받아 각 지역을 돌아다니며 전시회를 열었어요.

사람들 사이에서 입소문이 퍼지면서 빈센트의 그림이 조금씩 사랑받게 되었어요.

"그림에 힘이 있고 색 조합이 환상적이야."

"정말 멋있어! 왜 이 그림을 지금 알았을까?"

빈센트의 그림을 보기 위해 전국 각지에서 사람들이 모여들었어요. 그림은 나날이 사람들에게 좋은 평가를 받으며 인기가 높아졌어요.

1905년에는 네덜란드의 암스테르담 시립 미술관에서 빈센트의 전시회가 열렸어요. 그곳에는 무려 500

점에 이르는 작품이 걸렸어요.

요한나는 그림뿐만 아니라 테오와 빈센트가 주고받은 편지를 정리했어요. 그 수는 무려 650통이 넘었어요.

요한나는 편지를 엮어 책을 출간하기로 마음먹었어요. 편지뿐 아니라, 가족을 찾아다니며 빈센트의 어린 시절부터 세상을 떠나기 전까지의 모든 일들을 글로 담았어요.

그리고 1914년에 〈빈센트 반 고흐, 동생에게 보내는 편지〉를 출간했어요.

책이 출간되자, 사람들은 빈센트의 그림뿐 아니라 그가 살아온 삶과 고뇌, 그림을 향한 열정까지, 그의 모든 것에 감동하고 관심을 가졌어요.

요한나의 노력으로 빈센트와 테오의 추억이 세상 사람들에게 알려지게 된 거예요.

그 덕에 빈센트는 세상에서 가장 유명한 화가 중 한 사람으로 남게 되었지요.

'이것으로 두 형제의 꿈이 이루어진 걸까?'

20년 후, 요한나는 빈센트와 테오의 이야기를 담은 책을 출간했어요. 빈센트와 테오가 하늘에서 기뻐할 것을 생각하니, 요한나의 마음에 행복감이 차올랐어요.

"두 사람이 주고받은 편지를 보면서 서로를 향한 마음이 얼마나 애틋했는지 알 것 같아. 이 사이좋은 형제를 떨어뜨려서는 안 되겠지?"

"그래요, 엄마. 아빠도 빈센트 삼촌과 함께 있고 싶을 거예요."

요한나의 옆에는 어느새 어른으로 성장한 믿음직한 아들 빈센트가 있었어요.

그녀는 테오의 무덤을 오베르에 있는 빈센트의 묘

지 옆으로 옮겨 주었어요.

 나란히 세워진 묘비를 보자, '테오와 함께 있을 수 있어서 행복해.'라고 말하는 빈센트의 목소리가 들리는 것만 같았어요.

 빈센트가 그린 그림은 테오와 요한나, 가족과 친구들의 노력으로 지금도 사람들의 마음에 깊은 감동을 선사하고 있어요.

 "사람들을 위로하는 그림을 그리고 싶어!"

 그렇게 바라던 빈센트의 꿈이 마침내 이루어졌어요.

인물에 관하여

그림에 온 생을 바친 빈센트 반 고흐

　스무 살이 된 고흐는 구필 화랑의 헤이그 지점에서 런던 지점으로 옮기게 되었어요.
　그는 평소 자신에게 도움을 주었던 헤이그 지점의 지점장에게 여섯 살 된 딸이 있다는 것을 알고 그림을 선물했어요. 그 안에는 짧은 편지도 있었지요.

　안녕, 벳시.
　이 작은 스케치북에 그림을 잔뜩 그려 주고 싶었지만, 시간이 없었어. 우리 다음에 또 보자.

  고흐는 변덕스럽고 화를 잘 내는 성격 탓에 주변 사람들과 어울리지 못했어요. 하지만 때때로 그의 다정한 모습이 드러난 일화들이 있어요.

  한번은 어머니가 병으로 교회에 나가지 못하자, 고흐는 교회 그림을 그려 어머니에게 드렸어요. 그뿐만 아니라, 모델이 되어 준 사람들에게 자신이 그린 그림을 아낌없이 선물했어요.

  그림에 뛰어난 재능을 가졌지만, 처음부터 훌륭한 그림을 그린 건 아니에요. 고흐는 거의 매일 아침부터 저녁까지 쉬지 않고 그림을 그렸어요.

  화가로 보낸 10년 동안 무려 2천 점에 가까운 작품들을 남겼지요. 그것만 보더라도 고흐가 얼마나 노력하고 그림에 진심이었는지 알겠지요?

  이 책을 읽은 여러분도, 앞으로 고흐의 그림을 보게 되면 그의 삶과 그림을 향한 열정을 생각해 주세요.

  그러면 고흐도 행복해할 거예요.

더욱더 알고 싶은 반 고흐 신문

반 고흐의 그림은? 밀레의 그림은? 어느 쪽이 어느 쪽이야

밀레의 〈씨 뿌리는 사람들〉 그림이 두 장 있어요. 어떤 것이 밀레의 그림이고, 어떤 것이 고흐의 그림인지 알겠나요?

ⓒ wikimedia commons

ⓒ wikimedia commons

밀레의 그림에 영향받은 반 고흐

ⓒ wikimedia commons

고흐는 평소 존경하는 화가의 그림을 따라 그렸어요. 특히 농촌 삶을 즐겨 그렸던 밀레의 작품을 좋아했지요. 왼쪽에 있는 그림장 프랑수아 밀레의 〈씨 뿌리는 사람들〉이고, 오른쪽에 있는 그림이 고흐가 따라 그린 거예요. 구도나 사람의 형태는 같아 보여도 색감이나 표현법이 달라요. 고흐는 화가들의 그림을 따라 그려서 자신만의 그림 기법을 고민하고 연구했어요.

가짜 그림이 많은 반 고흐의 작품들

고흐의 그림이 사람들에게 인기가 많아지자, 그의 그림을 똑같이 따라 그린 '가짜 그림'이 늘고 있어요. 지금도 진짜인지, 가짜인지 헷갈리는 작품이 있어요.

반 고흐가 '아를'로 떠난 이유?

그 당시 고흐가 좋아했던 일본 그림은 '그림자'가 없었어요. 그래서 일본은 햇살이 강한 나라라고 생각했어요. 고흐가 일본과 비슷한 남프랑스의 아를로 가게 된 이유예요.

반 고흐가 사용한 팔레트
ⓒ wikimedia commons

집착이 심했던 예술가 반 고흐

무거운 물건에 집착!
한 아저씨가 무거운 물건을 들고 가는 어린 고흐를 도와주려고 하자, 고흐가 "괜찮아요. 사람은 모두 자신의 짐을 짊어져야 해요."라고 말했어요.

피아노 소리에 집착!
고흐는 한때 피아노를 배운 적이 있어요. 그때 피아노 건반 소리를 색깔로 이야기해서 선생님을 깜짝 놀라게 했지요.

흰색 물감에 집착!
고흐는 한동안 그림을 그릴 때 흰색 물감을 많이 사용했어요. 물감을 주문해 준 테오에게 흰색 물감이 적다고 주의를 준 적도 있어요.

특별 인터뷰 고갱 씨

반 고흐에 대해 어떻게 생각하세요?
"고흐는 멋진 화가지만, 성격이 예민하고 까다로웠어요."

해는 했나요?
"아뇨, 아를에서 헤어진 이후로 만나지 않았어요. 그래도 편지는 주고받았어요. 〈해바라기〉는 고흐다운 멋진 그림이에요."

마지막으로 한 마디 부탁드립니다.
"고흐는 테오와 있을 때 가장 행복해 보였어요. 그건 틀림없어요."

반 고흐 죽음에 관한 수수께끼

고흐는 어떻게 죽었을까요? 대부분의 사람은 스스로 총을 쏴서 목숨을 잃었다고 생각해요. 하지만 총자국이 스스로 쏠 수 있는 위치가 아니라는 말도 있어요.
지금까지 고흐의 죽음에 대한 진실은 어둠에 묻혀 있답니다.

반 고흐가 살았던 아를의 '노란 집'

고흐는 아를에 있는 '노란 집'에서 고갱과 함께 살았어요.

노란 집의 거리 풍경

고흐의 침실

아를의 카페 풍경

반 고흐 연표

1853년 0세	◆	3월 30일, 네덜란드 준데르트에서 태어남.
1864년 11세	◆	기숙 학교에 들어감.
1869년 16세	◆	7월 30일, 헤이그 지점의 구필 화랑에 취직함.
1872년 19세	◆	8월, 동생 테오와 편지를 주고받기 시작함.
1878년 25세	◆	11월 15일, 벨기에의 보리나주로 떠남.
1885년 32세	◆	3월 26일, 아버지 테오도르가 죽음.
1886년 33세	◆	코르몽 화실에 드나들며 고갱을 알게 됨.
1888년 35세	◆	고갱과 '노란 집'에서 함께 지냄.
1889년 36세	◆	생레미 정신 병원에 입원.
1890년 37세	◆	오베르에서 세상을 떠남.

올바른 독서 방법

올바른 독서 과정은 글을 읽기 전, 읽는 중, 읽은 후로 구분해요. 특히 책을 읽은 후에 하는 활동은 논리력과 표현력을 높이는 데에 반드시 필요하답니다.

독서 과정	독자의 역할
읽기 전	· 제목이나 차례를 보고 내용 상상하기 · 표지와 본문의 글, 그림 등을 보며 내용 예측하기 · 글색에 궁금한 점 짚기
읽는 중	· 글의 내용이나 장면을 머릿속에 떠올리기 · 글 속에 숨어 있는 내용이나 글쓴이의 생각 파악하기 · 인상적인 표현과 중요한 내용에 밑줄을 긋거나 따로 표시하기 · 읽기 전에 궁금했던 내용 확인하기
읽은 후	· 줄거리를 요약하고 주제 파악하기 · 글에 대한 자신의 생각 정리하기 · 등장인물이 되어 상상하기

더 생각해 보기

1 성격이 강하고 화를 잘 내는 고흐는 사람들과 어울리지 못했어요. 여러분도 친구들과 싸웠던 경험이 있나요? 또 싸우고 난 뒤에 어떻게 화해했는지 적어 보세요.

2 고흐는 늘 외롭고 힘들었지만, 그의 곁에는 다정한 동생 테오가 있었어요. 그는 고흐를 응원하고 도와주었어요. 두 형제의 우애에 대한 여러분의 생각을 적어 보세요.

더 생각해 보기

3 힘든 상황 속에서도 포기하지 않고 그림을 그린 고흐에게 주고 싶은 멋진 선물을 상상해 그리고, 상장도 꾸며 주세요.

상

이름 **반 고흐**

위 사람은

이 상장을 수여합니다.

년   월   일

이 책을 읽은

편지 쓰기

화가 반 고흐에게 편지를 써 보세요.

테오, 고갱 등 다른 등장인물에게 편지를 써 보세요.

독서 기록장

도서명

지은이

등장인물

기억에 남는 장면

줄거리와 느낀 점

독서 기록장 **등장인물**

이름

모습을 그리세요.

어떤 사람인지 쓰세요.

이름

모습을 그리세요.

어떤 사람인지 쓰세요.

글 야마모토 마사미
일본 나가노현에서 태어난 작가는 일본아동교육전문학교에서 아동문학을 배웠습니다. 동사무소에서 문화재 관련 일을 했고, 퇴직 후에는 집필 활동에 전념하고 있습니다. 시나노 마이니치 신문에 연재한 《부모와 아이가 설레는 동화》가 대상을 수상하였고, 《미야사카 히데 이야기 발견과 조몬 선생》이 '제3회 어린이를 위한 감동 논픽션 대상'에서 최우수상을 수상했습니다.

그림 오즈노 유미
오랫동안 일러스트레이터로 활동하며 여러 권의 도서에 그림을 그렸습니다. 그가 그린 작품으로는 《몬스터 스트라이크 질풍신뢰 팔콘스 탄생!》, 《단 한 사람의 서바이벌 게임!》 시리즈, 《10세까지 읽고 싶은 세계 명작 20권 : 암석왕》 외 다수가 있습니다.

감수 코데라 츠카사
오사카대학의 문학 연구과 교수로 재직 중입니다. 그리고 1981~1988년에 독일 암스테르담 대학에서 문학 박사학위를 취득했습니다. 박사 논문으로 네덜란드 에라스무스 재단의 '에라스무스 연구상'을 수상하였습니다.

번역 김태길
단국대학교를 졸업하고, 일본 도쿄에서 생활하며 어린이책에 관심을 갖게 되었습니다. 지금은 출판사를 운영하면서 꾸준히 일본 아동 도서를 소개하고 번역하는 일을 하고 있습니다. 번역한 책으로는 《언제까지나 함께 있을 거야》, 《코코 샤넬》, 《에디슨》 등이 있습니다.

2025년 3월 25일 1판 1쇄 발행

글 **야마모토 마사미** | 그림 **오즈노 유미**
감수 **코데라 츠카사** | 번역 **김태길**
펴낸이 **문제천** | 펴낸곳 **㈜은하수미디어**
편집진행 **문미라** | 편집 **방기은** | 편집 지원 **도희**
디자인 **정수연, 김해은** | 디자인 지원 **김지언** | 제작책임 **문제천**
주소 **서울시 송파구 송이로32길 18, 405** (문정동, 4층)
대표전화 **(02)449-2701** | 팩스 **(02)404-8768** | 편집부 **(02)3402-1386**
출판등록 **제22-590호** (2000. 7. 10.)
ⓒ 2025, Eunhasoo Media Publishing Co., Ltd.

Gogh
ⓒ M.Yamamoto & Y.Ozuno 2019
First published in Japan 2019 by Gakken Plus Co., Ltd., Tokyo
Korean translation rights arranged with Gakken Inc.
Through JM Contents Agency Co.

이 책의 한국어판 저작권은 Gakken Inc. 와 JMCA 에이전시를 통해 독점 계약한 ㈜은하수미디어에 있습니다.
저작권법에 의해 한국 내에서 보호를 받는 저작물이므로 무단 전재 및 무단 복제를 금합니다.

주의! 종이가 날카로워 손을 베일 수 있으므로 주의하십시오.
파본은 구입처에서 교환해 드립니다. 사용 중 발생한 파손은 교환 대상에 해당되지 않습니다.

* 사진 출처 ⓒ wikimedia commons, ⓒ Shutterstock
* 책 속 부록(145~155쪽)은 한국 어린이들을 위해 ㈜은하수미디어에서 새로 쓴 내용입니다.